JN440446

연 리 지

건강신문사 힐링노래시집

연 리 지

초판 1쇄 | 2026년 1월 23일

저　자 | 황봉학
발행인 | 윤승천
발행처 | (주)건강신문사

등록번호 | 제25100-2010-000016호

주　소 | 서울특별시 은평구 통일로 712-1
전　화 | 02)305-6077(대표)
팩　스 | 02)305-1436

인터넷건강신문 | www.kksm.co.kr
헬스데일리 | www.healthdaily.co.kr
한국의 첨단의술 | www.khtm.co.kr

ISBN 978-89-6267-169-8 (03800)

건강신문사 힐링노래시집

•
•
•

연 리 지

황봉학 시집

건강신문사
www.kksm.co.kr

시인의 말

일월오봉도日月五奉圖
하늘을 다 담고 땅을 다 담아도
사람이 없으면 완성되지 못한 그림
태조 이성계의 일월오봉도를 생각한다

마지막 서정을 남기고 떠난 시인이
하늘과 땅이 맞닿은 태백산맥 어느 산마루에
너와집을 짓고 살고 있다 한다

'너와집' '너와 집'하고 되씹다 보니
'집의 마지막은 사람으로 완성된다'는
어느 건축가의 말이 생각난다

미스터리한 기둥과 난해한 서까래를 걸친 시詩의 집이 유행한 적 있다

해독할 수 없는 자물쇠를 열지 못해 사람들이 떠났다 한다

서정을 그리워하는 시인이 짓고 사는 '너와 집'
하늘을 보고 땅을 밟으며
사람이 먼저인 '일월오봉도' 같은
'시집詩集' 한 채 짓고 싶다

2025년 겨울

황봉학

차례

2부 그대 위한 꽃이 되고 싶습니다

3부 널 만나기 전까지는

4부 천년에 한 번 날 수 있는 새

5부 뻐꾹새

1부

연리지連理枝

허수아비의 사랑

한낮 뙤약볕도 나는 두렵지 않겠네
오신다는 언약만 지켜질 수 있다면
그까짓 소낙비쯤이야 미소로 견딜 수 있겠네

참새의 달콤한 속삭임에 꾀여
내 옷깃 풀어 헤칠 수야 있겠소
비록 태풍이 불어 옷깃이 찢어진들
꿋꿋이 선 채로 그대를 기다리겠네

한평생 외롭게 살다가
한평생 쓸쓸히 그대를 기다리다가
선 채로 관절이 굳어
선 채로 살갗이 말라
'훠어이' '훠어이' 마지막 노래조차 부를 수 없어도
한번 웃었던 내 미소 거두지 않겠네

눈보라 치는 논두렁에 내 몸이 뒹구는 날까지
그대 기다림을 멈추지 않겠네

연리지連理枝

손 한번 맞닿은 죄로
당신을 사랑하기 시작하여
송두리째 나의 전부를 당신에게 걸었습니다
이제 떼어놓으려 해도 떼어놓을 수 없는 당신과 나는
한뿌리 한줄기 한잎사귀로 숨을 쉬는
연리지連理枝입니다

단지 입술 한번 맞닿은 죄로
나의 가슴 전부를 당신으로 채워버려
당신 아닌 그 무엇도 받아들이지 못하는 나는
몸도 마음도 당신과 하나가 되어
당신에게만 나의 마음을 주는
연리지連理枝입니다

이 몸 당신에게 주어버린 죄로
이제 한몸뚱어리가 되어
당신에게서 피를 받고

나 또한 당신에게 피를 나누어주는
어느 한 몸 죽더라도
그 고통 함께 느끼는 연리지連理枝입니다

이 세상 따로 태어나
그 인연 어디에서 왔기에
두 몸이 함께 만나 한몸이 되었을까요
이 몸 살아가는 이유가 당신이라 하렵니다
당신의 체온으로 이 몸 살아간다 하렵니다
당신과 한몸으로 살아가는 이 행복
진정 아름답다 하렵니다.

피리

내가 하나의 막힌 대나무였을 때
나는 그대를 온전히 사모할 수 없었습니다

아무리 소리를 내어 그대를 부르려 하여도
그대의 이름은 막힌 내 몸을 빠져나가지 못합니다

나는 온몸으로 울며 그대를 부르는데도
바람결에 흔들린다고 그대는 말할 뿐입니다

나는 이제 그대 위해 팔다리를 모두 잘라 버리고
막혔던 마디마디에 구멍을 뚫어
파인 살을 떨며 그대를 부릅니다

마디마다 갇혀 있던 그대 이름을 쏟으며
원 없이 원 없이 그대를 부릅니다

뚫린 여덟 구멍마다 흐느끼며 부르는 그대 이름

깡말라 버린 몸뚱이에 아픈 구멍이 뚫리므로
이제 나는 당신을 목 놓아 부릅니다

나는 은사시나무를 적시는 비가 되고 싶다

하얀 바람이 부는 날이면
신라 금관의 날개처럼
잎새를 흔드는 은사시나무
가느다란 바람의 두드림에도
언제나 피아노 건반처럼
반응을 나타내며 노래하는 가는 잎새
그대가 좋아하는 맑은 빗줄기
나는 그대를 위한 빗줄기가 되고 싶습니다
비를 맞으므로 더 생기가 돌고
꼬마 부채처럼 대지의 공기를 흔들며
말간 노래를 합창하는 그대
어쩌다 바람 잠든 밤이 오면
별빛 받아 반짝이며
바다의 작은 파문의 모습을 보이는 그대
나는 그대를 위한 하얀 빗방울이 되어
노래하다 지친 그대의 작은 어깨를 두드리는
기쁨이 되고 싶습니다

그대의 초록빛 얼굴이 세상의 먼지에 찌들고
강한 햇볕에 그을리면
언제나 그대를 고운 모습으로 되돌려 주는
빗줄기가 되고 싶습니다
그대의 마음속에 살아 있는 반가운 기다림과 같은
깨끗하고 따뜻한 비가 되고 싶습니다

사랑이라는 말

모두 즐겨 쓰는 '사랑한다'는 말보다
더 아름다운 말이 있을 것 같아
국어사전을 다 뒤지고
인터넷 검색을 전부 해보았습니다

당신에게 해 주고 싶은 말은
이 세상에서 가장 고귀한 말이어야 하기에
꽃보다 진주보다 보석보다
더 아름다운 말을 찾고 싶었습니다

그러나 결국 몇 날을 고민하였을 뿐
새로운 말을 찾지 못한 걸 보면
별보다도 꽃보다도 더 아름다운 것이 결국
'사랑한다'는 말인가 봅니다

나는 오늘 당신에게 이 한마디를 바칩니다

"당신, 정말로 사랑합니다"

당신 곁에 머무는 바람이고 싶어요

당신이 그리운 밤이면
나는 바람이고 싶어요
어둠도 막지 못하는 바람이 되어
산을 넘고 물을 건너
단숨에 당신 품으로 스며드는
바람이고 싶어요
당신이 산책할 때는
마파람이 되고
당신이 잠들어 있을 때는
뒤울이가 되어
그저 당신 곁에 머무는
바람이고 싶어요
당신의 머리카락 하나에도
나를 느낄 수 있는
바람이고 싶어요.

사랑을 알고 싶습니다

사랑이 오는 길목을 알고 싶습니다
그 길목만 안다면 나는 밤도 낮도 가리지 않고
겨울도 여름도 가리지 않고 기다릴 자신이 있습니다
이토록 사랑이 그리움으로 가슴을 졸여 올 때면
오직 그 길목이 궁금하기만 합니다.

사랑이 오는 속도를 알고 싶습니다
사랑이 오는 길목에 기다리고 있다가
혹여 내가 한눈파는 사이에 사랑이 지나가 버리면
긴긴 시간 기다린 보람이 사라질까 봐
사랑이 오는 속도를 알고 싶습니다
빠르게 사랑이 달려온다면 달려가 잡을 자세로 기다리고
아주 느린 황소걸음으로 사랑이 온다면
느긋한 모습으로 곱게 단장하고 기다리겠습니다.

사랑이 좋아하는 색깔을 알고 싶습니다

노란색을 좋아하면 개나리 피는 봄날에 사랑을 기다리고
붉은색을 좋아하면 장미가 피는 여름에 사랑을 기다리고
울긋불긋한 천연색을 좋아하면 온 산에 단풍이 물드는
가을에 사랑을 기다리겠습니다
혹여 눈먼 사랑이 온다면
하얀 눈 내리는 겨울에 사랑을 기다리겠습니다.

아파하면서 사랑하는 당신

사랑하는 당신을 곁에 두고도 나는 늘 이렇게 아픕니다
10년을 함께 한 사랑을 100년을 함께 하고픈 욕심에 아프고
어떤 때는 당신에게 받지 못해 아프고
어떤 때는 내가 더 주지 못해 아프고
어떤 때는 당신이 왜 남들보다 못하냐고 아프다가
그 못함이 안쓰러워 아프다가
당신이 남들보다 더 예쁘게 보일 때는
당신을 잠시나마 미워했던 나 자신 때문에 아픕니다
내가 모자라는 것이 당신에게 아픔이 될까 아프다가
그 아픔 때문에 당신을 더 사랑하지 못할까 봐 아픕니다
어떤 때는 꽃이 피는 것이 아프다가
어떤 때는 꽃이 지는 것이 아픕니다
당신이 아플 때는 당신과 이별이 될까 아프다가
당신이 웃으실 때는 그 웃음을 잃어버릴까 아픕니다
그러나 나를 더 아프게 하는 것은

늘 이렇게 아파하는 내 곁에 당신이 없을 때가
꿈에라도 생길까 봐 두려워하는
그 아픔입니다

분명 당신입니다

꽃을 보면서 내가 누군가를
골똘히 생각하고 있다면
그것은 분명 당신입니다.

노을을 보면서 내가 누군가를
죽도록 보고 싶어 한다면
그것은 분명 당신입니다.

호젓한 오솔길 벤치에 앉아 내가 누군가를
눈물겹도록 그리워하고 있다면
그것은 분명 당신입니다.

잠 못 드는 밤
내 가슴을 자꾸 두드리는 그대

그건 분명
당신입니다

사랑의 힘

나뭇잎이 우수수 떨어져 내리고
강물이 얼음에 덮여도
겨울은 두려워하지 않는다

사랑을 가슴에 담고 있는 연인들처럼
겨울은 가슴에 봄을 품고 있기 때문이다

당신에게

당신이 그리운 만큼
내 가슴이 조각이 난다면
내 가슴은 벌써 모래가 되었을 겁니다

당신이 올 것 같아
애타게 바라보는 눈빛으로 대문이 불탄다면
대문은 녹아 벌써 재가 되었을 겁니다

당신 생각에 잠 못 이루어 뒤척이는
몸뚱이가 닳는다면
이 몸 벌써 거품이 되었을 겁니다

당신이 그리워 흘리는 눈물이
마르지 않고 고인다면
앞마당은 벌써 호수가 되었을 겁니다

당신을 사랑하는 내 마음을

탑으로 쌓는다면
그 탑은 벌써 하늘에 닿았을 겁니다

당신을 기다리다 이 몸이 말라 죽어
영혼만 남는다면
그 영혼이 사라지는 날까지

또 당신을 기다리겠습니다

사랑하는 일

너를 사랑하는 일이 꽃 한 송이 피우는 일인데
나는 잎새 하나 틔워 놓고 사랑이라 말하는지 모르겠다

너를 사랑하는 일이 한 마리 새를 날게 하는 일인데
나는 둥지 하나 지어 놓고 사랑이라 말하는지 모르겠다

너를 사랑하는 일이 집 한 채 짓는 일인데
나는 기둥 하나 세워 놓고 사랑이라 말하는지 모르겠다

너를 사랑하는 일이 바다를 이루는 일인데
나는 도랑 하나 흐르게 하고 사랑이라 말하는지 모르겠다

너를 사랑하는 일이 은하수를 흐르게 하는 일인데
나는 별 하나를 보고 사랑이라 말하는지 모르겠다

너를 사랑하는 일이 내가 네가 되고 네가 내가 되는 일

인데
나는 나를 두고 너를 오라고만 하는지 모르겠다

너를 사랑하는 일이
천년 소나무 한 그루 세우는 일인데

병석의 아내에게 1

언제인가 당신께서도
내 곁을 떠나갈 것입니다

아버지가 내 곁을 떠나셨듯이
어머니가 내 곁을 떠나셨듯이

그리운 마음만 가지라고
그런 쓸쓸한 미소만 남기고서
언제인가 당신께서도 내 곁을 떠나갈 것입니다

'입에 침이라도 바르고 사랑한다고 하라'던
그 그리운 말만을 뒤로한 채
언제인가 당신께서도 내 곁을 떠나갈 것입니다

조그만 산자락에 당신의 흔적을
어머니의 젖 봉오리처럼 작게 남기고서
언제인가 당신께서도 내 곁을 떠나갈 것입니다

당신께서 떠나는 길을
언제인가 나도 따라 떠나갈 것입니다

그리고, 당신께서 머무는 어느 골짜기에서
당신을 찾으면
그때도 당신을
'여보'라고 부르게 해 주실는지요?

병석의 아내에게 2

단 한 번도 당신께서
제 곁을 떠난다고 생각해 보지 못했습니다

늘 웃는 당신 모습이
늘 재잘거리는 당신 모습이
영원히 제 곁에 있을 줄 알았습니다

어느 날, 어느 날 갑자기 병원으로부터 급한 전화가 걸려 오고
하얀 옷 입은 사람
하얀 벽으로 된 수술실
흔들거리는 링거병이 당신에게 꽂혀 있을 때
당신께서도 제 곁을 떠나실 수 있다는 걸 알았습니다

따뜻했던 아침 밥상이 사라지고
정갈했던 속옷의 촉감을 느끼지 못했을 때
당신께서도 제 곁을 떠나실 수 있다는 것을 알았습니다

당신께서 제 곁을 떠나시는 일이 있다면
저도 당신을 따라 그 길을 따라 떠나갈 것입니다

그리고, 그리고 당신을 뒤따라간 여행길에서
당신을 찾으면
그때도 당신은 저를
'여보'라고 불러 주실는지요?

2부

그대 위한 꽃이 되고 싶습니다

그대 위한 꽃이 되고 싶습니다

나는 한 송이 꽃이 되고 싶습니다
비록 꺾이어 그대 창가에 놓인 꽃병에 꽂혀
짧게 생을 마감할지라도
그대를 위해 향기를 피울 수 있다면
기꺼이 그대 위한 꽃이 되겠습니다

꺾이는 아픔보다
시드는 슬픔보다
그대 사랑을 받는
그 짧은 순간을 위해
기꺼이 한 송이 꽃이 되겠습니다

태어나 누군가를 위해
한번 사랑을 해야 한다면
화려한 꽃으로
매혹적인 향기로
짧지만 진하게 사랑을 주는
그런 꽃으로 그대 곁에 서고 싶습니다

백목련*

이 세상에서 가장 깨끗하게
당신을 사랑하기 위하여
추운 지난겨울을 한시도 쉬지 않고
순백의 눈송이들을 나의 꽃망울 속에
차곡차곡 모아 두었습니다
티끌도 범하지 못한 나의 순결을
이제 당신을 위해 열어 드립니다
내가 배운 순종의 의미 또한 표현해 드리지요
나의 꽃송이는 하늘만 바라보아요
당신은 바로 나의 하늘이니까요.

* 목련은 하늘을 향해서만 꽃잎을 엽니다.

개나리

그렇게 성급하게 꽃잎을 여느냐고
그렇게 많은 꽃잎을 한꺼번에 터뜨리느냐고
나를 나무라지 마세요
나에게 주어진 외출의 시간은
봄비가 내리고 아지랑이 피는 봄날뿐
가슴에 차곡차곡 쌓아 두었던
수천수만의 황금빛 그리움
짧게 주어진 내 사랑의 시간
이렇게
이렇게
한꺼번에 모아
그대에게 다 주는 것뿐이에요.

구절초

오리나무 그늘을 비집고 들어와
내리는 햇살 때문이었어
너의 하얀 눈빛이 더욱 서러워 보였던 것은

새하얀 옥양목 속치마가
벗겨져 있던 자리에서
첫 순결의 핏빛이 너무도 붉어
소리 한번 지르지 못하고 눈물로 삼킨
첫사랑의 소녀가 남긴 한마디

“난 너에게 가장 깨끗한 여인이 되고 싶어”

넌 그 소녀를 닮았어
그 소녀의 새하얀 옥양목 속치마를 닮았어
피조차 하얗게 되고 싶어 하던

나팔꽃

새벽이슬이 내릴 때
모두 잠들어 있을 때
너는 나팔을 분다지

가장 깨끗하게
가장 잘 들릴 때
너는 노래하고 싶은 모양이다

나도 널 닮고 싶은 게 있어
속삭이는 소리도
크게 들리게 하는 너의 재주

'사랑해'라는 나의 속삭임을
천둥처럼 크게 전해주고 싶어
난 지금 사랑에 빠졌거든.

박꽃

다른 꽃처럼 예쁜 색깔 하나
가지지 못한 바보꽃이라고
나는 널 놀렸지

하얀 달빛이 내리는 날
나는 보았어
면사포보다 더 환하게 웃는 네 모습

색깔이 진한 꽃은 달빛을 받을 수 없다는걸
네가 먼저 알고 있다는걸
나는 왜 몰랐을까

가장 깨끗한 색깔만이
어떤 색깔이든지 담을 수 있다는걸
바보처럼 나는 왜 몰랐을까

하얗게 별빛이 내리는 밤

더 하얗게 달빛이 내리는 밤
새하얀 박꽃 하나가 또 꽃잎을 여네.

복수초

남들 다 필 때 피는 꽃은 싫어
그까짓 눈 속이라고 몸 사리기는 더욱 싫어
살을 에는 추위쯤이야
노란 내 미소로 녹여 버리지 뭐
봄님은 얼음을 뚫고 달려와
이 산 저 산 날 찾아다니는데
잔설쯤 남아 있다고 망설일 수 있니
나는 보여 주고 싶어
기다림이란 이런 것이라고
얼어붙은 눈까지 녹여 버리는
뜨거운 것이라고.

민들레

눈살을 찌푸리며 지나는
쓰레기 더미 속에 민들레가 폈다

그는

역한 냄새에도 아랑곳없이
곱디고운 얼굴에 향기마저 지녔다

날마다 목욕하고
비단 이불에 몸을 감고 잠을 자는

나는

아침이면 눈곱이 끼고
머리가 헝클어지고 있다

숫처녀 꽃

무화과는 영원한 숫처녀로 늙어 죽는 꽃일게야
사랑하는 사람을 못 만났거나
너무 유교적인 교육으로 속살 내어 보이지 말라는 가르침 따라 살다가
한 번도 속옷 벗어 보여 주지 못하고
농익은 속살이 물러 터져 진물이 흐르도록 감추고 살다가
쭈글쭈글 할머니 뱃살처럼 변한 성기를 떨어뜨리고 죽는
비구니의 분신일지도 몰라
목탁을 닮은 성기의 모양새 말고도
빨간 속살 감추는 것 하며 농익은 향기를 꼭꼭 싸매어
도무지 속내를 드러내 보여 주지 않는 것이 꼭 닮았잖아
죽음을 목전에 두고서는 그래도 한 번쯤 슬쩍 문을 열 것도 같은데
어쩌면 죽어서도 가지에 매달려 말라가는 성질하고는
꼭 등신불 보는 것 같아서 열매를 따서 속살 찢어발기고

긴 혓바닥 밀어 넣는 것도 망설이게 하잖아
하지만 이름은 참 겸손하기도 하지
무화과라니?
평생 숨어서 산 꽃을 이해해달라는 듯
원래 꽃이 없었다고 우기는 것은 숫처녀 닮았잖아
하긴 죽어서도 속살 내보여 준 적 없으니 숫처녀지
말라비틀어진 꽃을 들고 가만히 한 번 불러 줄게
'너는 숫처녀로 죽은 할머니 꽃'이라고

꽃 보러 간다

색깔도 제대로 모르는 사람이 꽃 보러 간다
노란색이다
빨간색이다
분홍색이다
말하지만 꽃은 그 색은 자기 색이 아니란다

예쁜 게 고운 게 귀여운 게 뭔지도 모르는 사람이 꽃 보러 간다
예쁘다
곱다
귀엽다
아무리 꽃 앞에서 지껄여도 꽃은 대답하지 않는다

계절도 모르는 사람이 꽃 보러 간다
지금이 봄이야
지금이 여름이야
지금이 가을이야

말하지만 계절 이름을 꽃은 알 바 아니란다

꽃이 꽃인 줄 모르는 사람이
꽃 보러 간다

마음에 피는 꽃

봄의 민들레는 양지에 피어야 아름답고
여름의 장미는 담장에 피어야 아름답고
가을의 국화는 들판에 피어야 아름답고
겨울의 눈꽃은 소나무 가지에 피어야 아름답다

당신 그리운 내 마음은
계절도 장소도 가릴 수가 없다
꽃보다 더 아름다운 꽃이니까

소낙비

익지 않은 돌배 하나
'뚝' 떨구고

막 벙그는 꽃잎 하나
'뚝' 떨구고

심술도 그만하면 됐지

가슴 속에 꼭꼭 숨겨둔
내 그리움은

왜
'툭' 건드리고 가나.

이슬

그대가 그리워 얼마나 우느냐고
제게 묻지 마셔요

별빛 영롱한 깊은 밤이면
뜰로 나와 보셔요

꽃잎마다 뿌려진 수많은 이슬방울
그 이슬, 저의 눈물이어요

밤마다 별을 쳐다보며
그대에게 보낸 저의 사연들이어요.

별똥별

1.

까만 밤하늘을 가르고 별똥별이 떨어집니다
그대 그리운 내 마음이 별이 되어 흐르다가
그리움의 무게를 견디지 못하고
아프게 떨어져 내리는 내 가슴의 조각입니다

2.

까만 밤 그리움 안고
그대 찾아 헤매다가

나처럼 어둠 속을
그대도 헤매실까

이 한 몸

산산이 부셔
밤하늘을 밝힙니다.

3.

어디쯤 계시온지
가늠할 수 없는 그대

이 넓은 은하수를
어찌 다 헤일까요

새벽녘
아린 가슴이
눈물방울 떨굽니다

4.

죽을 만큼 그대가 보고 싶을 때
나는 하늘로 올라갑니다

사랑의 전설이 흐르는

은하수를 맴돌다가
나는 견우가 되어 은하수를 건넙니다

은하수 저 건너편에는
직녀인 그대가 있을 테지요

가물거리는 그리움에
헛디딘 발걸음

나는 천 길 낭떠러지로
유성流星이 되어 떨어집니다

3부

널 만나기 전까지는

널 만나기 전까지는

꽃이 세상에서 제일 예쁜 줄 알았어
너의 웃는 모습을 보기 전까지는

별이 세상에서 제일 영롱하게 반짝이는 줄 알았어
너의 고운 눈매를 보기 전까지는

명주 비단이 세상에서 제일 부드러운 줄 알았어
너의 다정한 손을 잡아 보기 전까지는

붉게 익은 연시가 세상에서 제일 감미로운 줄 알았어
너의 입술이 내 입술에 닿기 전까지는

널 만나기 전까지는

마음 착한 천사는 하늘에만 있는 줄 알았어
이슬처럼 뚝뚝 떨어지는 너의 눈물을 보기 전까지는

그걸 누가 알았겠니

처음 너의 눈을 보지 말았어야 했는데
그 눈빛이 나의 마음을 송두리째

빼앗아 갈 줄 누가 알았겠니

일상의 인사처럼 다가오는
너의 손을 잡지 말았어야 했는데
너의 그 조그만 손길이 내 몸 전부를
낚싯바늘의 미늘처럼
너에게로 끌고 갈 줄 누가 알았겠니?

눈을 감은 채 다가오는
너의 입술을 피했어야 했는데
너의 입술은 나의 심장을 녹여 버리고
너만 생각할 수밖에 없는 미라로
나를 만들어 버릴 줄 누가 알았겠니?

누가 알았겠니?
너를 만난 그 순간
난 이미 죽어도 널 떠날 수 없는
사랑의 노예가 되어가고 있었다는 걸

누가 알았겠니?
그걸 누가 알았겠니?

그리움이 쌓이면

돌이 하나둘 쌓이면
탑이 되지만

그리움이 하나둘 쌓이면
눈물이 됩니다

탑이 된 돌은
울지 않지만

눈물이 된 그리움은
소리내어 우는 샘이 됩니다

이렇게 가슴이 아픈 까닭은

그리운 마음이
쌓여 가는
까닭만은 아닙니다

외로운 마음이
나를 서럽게 하는
까닭만은 아닙니다

그대 찾아 떠난 내 마음이
아직 그대 가슴을
열지 못한 까닭입니다.

이별이 없는 길

행복에는 불행이
기쁨에는 슬픔이
사랑에는 이별이 꼭 따라 다닙니다

제가 만약 그대를 사랑하기 위한 길을 간다면
강을 건널 때는
그대와 단둘만이 타는 쪽배를 타겠습니다

강을 건넌 후
삿대를 강물에 버려
이별이 영영 우리를 뒤따라오지 못하도록

우리 사랑은 언제쯤 바다가 될까

바다는 여름이라 하여
태양을 거부하지 않는다

바다는 겨울이라 하여
얼음이 얼지 않는다

비도 눈도 바다에 내리면
그들도 곧 바다가 된다

우리 사랑은 언제쯤 바다가 될까

서로의 허물도 사랑이 되고
미움도 사랑이 되는
바다 같은 그런 사랑이 될까

당신이 무인도였으면 좋겠어요

당신이 섬이었으면 좋겠어요
아직 단 한 번도
사람의 발길이 닿지 않은

당신이 무인도였으면 좋겠어요
하얗게 이름 모를 꽃이 피고
목소리 고운 새들이 노래하고
부끄럼 타는 나무들이 사는

그곳에 내가 처음 방문자가 되어
꽃들의 이름을 지어주고
새들의 이름을 불러 주고
나무들과 함께 춤추었으면 좋겠어요

오직 당신만이 있어
눈을 떠도 당신이 보이고
눈을 감아도 당신만을 느낄 수 있는

그리하여
당신 또한 나만이 유일한 행복이 되는
당신이 나의 섬이었으면 좋겠어요

그대가 그리워 울고 싶은 날은

그대가 그리워 울고 싶은 날은 나무가 되리라
나무는 절대 우는 법이 없으므로
나무가 되어 울음이 그치면 한 마리 새가 되리라
새는 울고 싶은 마음도 노래로 부르므로
새가 되어 노래가 끝나면 하늘의 구름이 되리라
구름은 노래마저도 잃어버리고 침묵을 지키므로
구름이 되어 침묵하는 것을 배우면
그때 다시금 그대를 그리워하리라
울지 않는 그리움을 배운 구름이 되어
그대 머무는 곳에 내리는 하얀 빗물이 되리라

손수건

늘 당신 곁에 있을게요
당신의 은밀한 곳에 숨어
있는 듯 없는 듯 있을게요
당신이 필요할 땐 언제든 불러주세요
눈물이 흐르시나요
땀이 흐르시나요
손이 더러워지셨나요
콧물이 흐르시나요
아니, 혹 은밀하게 제가 필요하시나요
그때는 저를 불러 주세요
제 몸이
구겨져도 좋아요
더러워져도 좋아요
흠뻑 젖으면 또 어때요
늘 당신 가까이에
있는 듯 없는 듯
숨어 있을게요

첫경험

무더운 여름밤이었는데요
잠이 오질 않아
뒤척뒤척 돌아눕는 바람에
놀러 온 외사촌 누이의 젖가슴에
손이 닿고 말았는데요
그런 줄도 모르고
누이는 곤히 잠을 자고 있었는데요
얼떨결에 닿은 손을 떼지 못하고

망설이는 사이
그만 누이에게 들키고 말았는데요
동그랗게 뜬 눈으로 나를 흘기며 보던 누이는
내 손을 끌고 뒤란으로 갔는데요
이러다가 임신하면 어쩌냐고 나를 다그치며
무릎에 얼굴을 묻고 훌쩍훌쩍 우는 게 아니겠어요

그 후로 난

여자 가슴만 보면 덜컥 겁부터 나던걸요
젖가슴을 만지면
정말 아기가 생기는 줄 알았는걸요

내가 바라는 사랑

너와 내가 함께 나누고 싶은 사랑은
7200년 묵은 조몬스기 삼나무처럼
오래 버티는 사랑이 아니어도 좋다
깊은 수심을 자랑하는 바이칼 호수처럼
깊디깊은 사랑이 아니어도 좋다
높이 솟은 에베레스트 산처럼
최고의 사랑이 아니어도 좋다
천년의 시간에도 빛바래지 않는 금관처럼
변함없는 사랑이 아니어도 좋다
마리아나 해구 챌린저 해연의 덤보 옥터퍼스처럼
숨죽이며 살고 싶은 사랑은 더욱 아니다
찰나의 빛으로 세상의 어둠을 불사르는
스치고 지나간 흔적만으로도 눈부신
이 찰나를 위해 폭풍으로
회오리바람으로 울던
너와 내가 남긴 한마디, 사랑,
번개 같은,
천둥 같은,

언제나 첫사랑처럼

가을이 오면 여름을 잊어버리듯
그렇게 잊어버리기로 해요
첫사랑쯤은
하지만 잊어버린 여름이 언젠간 다시 찾아오듯
사랑은 슬그머니 주머니에 손을 집어넣듯
그렇게 찾아와요
우리 그때처럼 사랑하기로 해요
언제나 첫사랑처럼
참새의 첫 날갯짓 같은 떨림으로
첫눈을 기다리는 아이 같은 마음으로
사랑은 언제나
첫,
처음,
이렇게 말하는 거니까요.

임이여! 이렇게 해 주소서

임이여!

죄 없이 당신을 사랑한 제 마음을 송두리째 가지고 가시든가 달빛만 보아도 눈물이 그렁그렁 고이는 제 눈에 안대를 씌우시든가 가지지 못할 당신을 잊을 수 있게 기억상실증에 걸리게

하

시

든

가

임이여!

첫눈 내리는 입동 추위에 떨고 있는 나뭇잎처럼 황량한 제 몸뚱이를 저무는 가을 햇살이라도 다시 불러들여 따뜻하게 데워 주시든가 두 눈이 먼다 해도 더듬거리며 달려갈 제 발목에 말뚝을 박으시든가 꽁꽁 언 얼음지옥에 저를 가두어

두
시
든
가

임이여!

며칠을 굶어 빈사 상태가 되어도 피는 솟구쳐 심장 박동은 더 빨라지는 제 가슴에 칼을 꽂으시든가 다시는 임을 부르지 못하게 입을 봉하고 팔을 잘라 버리시든가 불쌍한 영혼이 다시 웃을 수 있도록 식은 당신 가슴에 사랑의 불을 지펴 죽어 가는 이 몸을 살려
주
시
든
가

가슴속에 숨겨둔 사랑

당신께서 저를 사랑한다고 말씀하셨습니다
그 사랑을 안고 밤을 새우다가
오래도록 사랑을 잃어버리지 않기 위해
사랑을 숨겨둘 곳을 찾아보았습니다
지갑에 넣어둘까?
서랍장에 넣어둘까?
책갈피에 끼워둘까?
아니면 은행에 맡길까?
어느 곳도 안심이 되지를 않습니다
마지막으로 저의 가슴을 열었습니다
가슴속에 당신의 사랑을 꼭꼭 숨겨 둡니다
제가 죽는 날까지 변색이 되거나
잃어버릴 일은 없을 것입니다
당신의 사랑이 숨 쉬고 살아가는 안식처는
이제 저의 가슴입니다

4부

천년에 한 번 날 수 있는 새

천년에 한 번 날 수 있는 새

북극 지방 어느 얼음산에
한 마리 새가 살고 있었어
천년에 딱 한 번만 날 수 있는 새야
그 새가 한 번 나는 날은
사랑하는 짝을 만나는 날이야

천년을 기다려
너를 만날 수 있다면
난 기꺼이 그 새가 될 거야
천년의 얼음덩이를 깨고
너에게로 날아갈 거야

천년에 단 한마디 할 수 있는 벙어리

어느 날, 내가 꿈을 꾸었을 때
전생을 여행하는 꿈을 꾸었단다
전생에는 한평생이 천년이었어
모두 벙어리로 살고 있었는데
평생에 단 한마디만 할 수 있는
기회를 신神은 주었고
그 한 마디는 꼭 이루어지게 되어 있었단다
그 천년을 살면서 내가 선택한 말이
무엇이었는지 아니?
"널 사랑해"였어
꿈이 깨어 이승으로 돌아왔을 때
제일 먼저 떠오른 사람이 누구였는지 아니?
전생에서 이루어진 것처럼
이승에서도 이루어진다면
난 전생에서와 똑같은 말을 할 거야

"널 사랑해"

당신을 잊어야 하는데

당신을 잊어야 하는데
잊을 수가 없습니다

이제 겨우 당신을
사랑하는 법을 배웠고

당신을 잊는 법은

아직

배우지 못했기 때문입니다

죽는 날까지 함께 하고 싶은 그대

가지런히 놓인
젓가락을 봅니다

어떤 곳에 있더라도
절대 혼자일 때가 없습니다

그대와 나
한 쌍의 젓가락이었으면 좋겠습니다

죽는 날까지 한시도
서로의 곁을 떠나지 않는

물에게 길을 배우다

강을 따라 걸어 본 적 있다
나뭇잎을 물에 띄워 놓고
물 위에 동동 뜬 나뭇잎을 따라
걸어 본 적 있다
천천히 유유히 일정한 걸음으로
물이 걷고 있다는 것을
나뭇잎이 흐르는 것을 보고 알 수 있었다
낭떠러지를 만나 물이 떨어질 때
나뭇잎도 함께 떨어졌다
떨어진 나뭇잎은 몇 번 곤두박질쳤지만
이내 물을 따라 유유히 흐르기 시작했다
강바닥의 기울기를 따라 흐르는 강물
강물의 흐름에 따라 떠다니는 나뭇잎

문득 위로 치솟기만을 고집하는 나는
아래로 아래로 흐르는 강물이 닿는 곳이
바다라는 사실을 문득 깨닫는 거라

당신에게 중독되어 버린 내 사랑

눈감으면 떠오릅니다
온몸이 전율해 옵니다
당신이 주신 사랑에 중독되어
당신만 생각하면
가슴이 저리고
눈물이 쏟아지고
죽을 것만 같습니다

당신 손끝으로 파르르 파문을 일으키며
떨던 몸은
당신의 미소를 생각하는 것만으로도
자지러지곤 합니다
어느 세월에 가서야 당신을 잊을 수 있을까요
어느 세월에 가서야 이 중독에서 벗어날 수 있을까요

죽어서도 내 영혼은 당신에게 중독되어
당신의 입술을 기다리고

당신의 손길을 기다리고
당신의 감미로운 목소리를 기다리고 있겠지요

당신에게 중독된 내 육신과 영혼을 살리는 길은
내가 나로서 온전하게 살 수 있게 하는 것은
나를 아득하도록 황홀케 하는
오직 당신의 사랑 하나뿐입니다.

눈 시리도록 보고픈 사람

땅거미가
강을 삼키고
들을 삼키고
마을을 삼키고
길게 하품하며
하늘로 올라가 잠이 들 때
눈 시리도록 보고픈 사람

차마 그립다는 말을
한 편의 시로도 다 담아낼 수 없습니다
여린 목숨까지 내어주어도 모자랄
애타는 사랑
그 무한의 사랑을 당신은 헤아릴 수 있을까

내 영혼의 빛이라도 바쳐야 할 당신에게
나!
가난하여 당신에게 드릴 선물이 없습니다

땅거미가 올라간 까아만 하늘에
내 그리움을 조각으로 띄워
파아란 별빛이라도 되오리까

아!
눈 시리도록
보고픈 사람.

백석의 신발이 되어

단칸방 댓돌 위에서
가난한 백석이 아름다운 나타샤를 사랑해서
눈이 내린다는 그날 밤 처마를 피해
눈발 몇 개가 내게 날아든 지도 모른 채
나는 백석과 자야의 소곤거리는 목소리를 훔쳐 듣고 있었다
만주로 떠나자는 말도 아니었다
장가든 첫날 밤, 자야를 못 잊어 달려왔다는 말도 아니었다
내 천 번쯤 전생에
내가 구관조이었을 적에
한 번쯤 해보았던 말이었던가
백석도 자야도 밤을 꼬박 새우며 그 말을 했을 것인데
나는 그만 눈발이 녹으며 차갑게 내 귀를 찌르는 바람에
그 말을, 그 말을 그만 놓치고 듣지를 못했다
오늘 헤어지면 다시는 만나지 못할 거라는
죽어서야 다시 볼 수 있을 거라는

그 말을 나는 듣지를 못했다
새벽길을 나서는 백석에게 나는
뒤돌아 가자는 말을 하지 못했다
이제 가면 다시는 못 올 거라는 말을 전하지 못했다
차가운 눈이 '쓸쓸하고 높고 외롭고 가난하게' 깔린 골목길에
백석이 하고픈 말을 낙관처럼
눈 위에 남기고 싶은데
아름다운 나타샤를 가난한 백석이 사랑해서 내린
눈이라고 꾹꾹 눌러서 찍어놓고 싶은데
백석의 눈물이 한 방울 두 방울 눈 위에 먼저 찍히는 바람에
나는 자야 대신에 그 말을 읽으며
외롭고 쓸쓸하고 높고 가난하게
그를 따라 마가리를 향해 가고 있었다

백두산에 올라

내 조국 내 겨레가 이렇게 따뜻한 것은
비바람 막아 주는 네가 있기 때문이구나
하얗게 우뚝 솟아오른 네 모습이 늠름하다

내 산야 내 동포가 이렇게 풍요로운 것은
푸른 물 곱게 모아 젖줄을 만들어서
꿋꿋한 우리의 땅에 피를 돌게 함이구나

우리의 마음들이 티 없이 맑은 것은
네 허리 감돌아서 정갈해진 바람들이
하루도 변하지 않고 불어주기 때문이다

나, 오늘 여기 올라 고백할 게 하나 있다
네 사랑은 변함없이 수천 년을 이었는데
철부지 우리 민족은 두 갈래로 갈렸단다

오가지 아니하는 원수처럼 갈라서서

네 얼굴 보는 것도 남의 땅을 빌려 오고
그나마 아름다운 너를 절반밖에 못 본단다

이렇게 널 찾아온 내 모습이 부끄럽다
다음에 찾아올 땐 우리 민족 철들어서
웃으며 평양平壤 땅 거쳐 당당하게 찾아오마

나, 오늘 널 만나고 이렇게 돌아가면
어느 때 다시 올지 그 날이 기약 없다
살아서 다시 못 만나면 죽어서도 널 찾으마

석양이 붉게 울며 이별을 재촉한다
장군봉將軍峰 맴을 도는 까막까치 함께 울고
아득히 푸른 천지天地가 내 눈물처럼 시리다

목어木魚

내 삶의 목표는 푸른 바다였다
푸르디 푸른 파도를 가르며
지느러미가 닳고 닳도록 항해하는 것이
내 천년 생의 좌표였다

어느 날
눈먼 생들이 모여
나의 주린 배를 채워준다며
내 배를 가르고 푸른 바다 대신 검은 허공을 채워
나를 매달았다

눈먼 생이면
눈 뜬 생의 좌표를 읽지는 못하더라도 빼앗지는 말아야지
매일 매일 나의 창자가 빠져나간 배를 두드리는 못난 생들
나의 눈은 푸른 바다 대신 퍼렇게 멍든 허공을 응시하다

눈먼 생들이 닮으려고 매달아 놓은 또 다른 나를 발견한다

대웅전 처마 끝 부연에 매달려
멍든 또 한 마리
푸른 물고기, 풍경風磬
나를 닮은

윤회

한 번쯤 꽃이 되는 것도 나쁘지 않겠다
사랑하는 사람의 정원에 핀 장미도 좋고
화분에 심겨 베란다를 장식하는 샐비어이거나
아니면 사랑하는 사람,
침실의 꽃병에 꽂힌 백합이라도 나쁘지는 않겠다
단 한 번도 누군가에게 향기가 되어보지 못했다면
잊지 못할 향기를 뿜는 꽃이 되어
사랑하는 사람의 사랑을 듬뿍 받아보는 것도 괜찮겠다
또 다른 윤회를 마음대로 할 수 있다면
사랑하는 그이는 꽃이 되고
나는 한 마리 나비가 되는 것도 괜찮겠다

텅 빈 구유

가을님 보시게.

겨울이 제법 깊었네. 자네랑 이별한 것이 엊그제 같은데, 자네랑 헤어지면서 꼭 잊지 않겠다는 다짐 했었네만 인연이란 참 묘한 것이라 금방 겨울과 정이 들었지 뭔가. 자네는 아무리 발버둥 쳐도 흰 눈 한 줌 뿌릴 수 없다고, 눈이 그리우면 자네를 버리고 가도 좋다고 했었네. 그런데 겨울에 와서 보니 자네를 떠나올 때 챙겨준 빨간 단풍잎 서너 장, 노란 은행잎 두세 장, 늙은 생강잎 한두 장, 흰 눈이 내리면 난로 가에서 우려먹으라며 준 구절초 몇 잎이 왜 이렇게 그리운지 몰라.

자네에게 물어보고 싶은 말이 있네.

내가 자네를 다시 그리워할 거라는 걸 알고 있었나?

수없이 사랑을 남발했으니

어릴 적 풋사랑을 한 적 있다
그때 나는 말 했다. '너만 좋아한다고'
사춘기 시절 첫사랑을 했다
그때 나는 말 했다. '너만 사랑한다고'
대학교 때 예쁜 여교수님을 짝사랑한 적 있다
그때 나는 마음속으로 결심했다. '교수님만 사랑할 거라고'
어른이 되어 '풋' '첫' '짝'이라는 글자를 빼고
사랑을 하게 됐다
그때도 나는 말했다. '당신만 사랑한다고'
이렇듯 사랑을 수없이 바꾼 내가
아직도 사랑이라는 말을 남발하고 있다
자식으로서 '어머니 사랑해요'
남편으로서 '여보 사랑해요'
부모로서 '아들아 사랑한다'
나 죽어
사랑을 최우선으로 실천하라는 하나님을 만나면

상을 주실까?

벌을 주실까?

달빛

당신이 보고픈 밤입니다
당신이 보고픈 나의 눈빛을
밤하늘에 흐르는 달님에 보냅니다
그 눈빛, 달빛이 되어 당신에게로 흐릅니다

그 달빛!
당신이 보고픈 나의 눈빛이어요
당신을 쓰다듬는 나의 손길이어요
이 밤도 잠 못 드는 나의 그리움이어요

5부

빼꾹새

뻐꾹새

분명 이승에서 못다 한 말이
있었을 게야
뻐꾹 뻐꾹

죽도록 짝사랑한 연인이
있었을 게야
뻐꾹 뻐꾹

그 혼이 새가 된
것일 게야
뻐꾹 뻐꾹

사랑하는 그 사람을
부르는 것일 게야

뻐꾹, 뻐뻐꾹…

초승달

별로 태어나 사람들이 그리워
지구 가까이 보금자리를 틀다

사람들과 정이 들어
'달'이라는 이름을 얻다

처음 사귈 때는 '초승달'로 수줍더니
사귐이 깊을수록 '보름달'이 되다

어느새 슬픔을 배웠는지 '그믐달'이 되어
영영 이별할 듯 모습을 감추더니

너도 정 앞에서는 어쩔 수 없나 보구나
오늘 '초승달'로 다시 뜨는 것을 보니

열쇠와 자물쇠

금으로 만든 열쇠라고
제 마음을 열 수 있나요?

세상에서 제일 크게 만든 열쇠라고
제 몸이 열리나요?

온갖 보석으로 치장한 열쇠라도
저는 열리지 않아요

오직 당신뿐이에요

함께 녹슬고
함께 야위어 가는
놋쇠 덩어리

당신만이
나를 열 수 있어요

100년

나, 어릴 적 100년이라는 말은 까마득했었네
천상이 아니면 쓸 수 없는 말이라 여겼네
한 오십 년 살고 보니 그 말은 어느 시인의 말
이제 당신과 자연스레 100년을 이야기하고 싶네
검은 머리 파뿌리 될 때까지라는 말은 까마득한 옛말
이제는 흰 머리카락 쓸어 넘기며 당신과 100년을 이야기하네
그제는 병을 앓고 오늘은 아픔이 내 몸을 스쳐 갔네
내일은 또 슬픔이 오고 절망도 올 것이네
하지만 이제는 100년을 욕심내고 싶네
살아온 날만큼만 더 산다면 우리의 100년
뒤돌아보니 그 세월은 짧기만 하네
이제 당신과 나란히 앉아 푸른 바다도 보고 붉은 노을도 보고 싶네
흰 머리카락 어루만지며 눈가 주름도 세어보고 싶네
핏기 줄어드는 손바닥으로 당신 어깨도 쓰다듬어 주고 싶네

오늘 저녁 밝은 달이 떠오르면 당신과 마주 앉아
풀벌레 소리 머금은 뽕잎을 우려 차 한잔 나누고 싶네
이슬이 내리도록 잔디밭에 앉아
달이 지는 것 보고 싶네
오순도순 100년을 이야기하고 싶네
줄어드는 100년을 아끼듯이 당신을 끌어안고 싶네

언덕

그리움을 등에 지고
나는 지금 언덕을 오르고 있다
저 언덕을 넘으면
사랑이 마중을 나올 것이라고
굳게 믿으며

등에 욕창이 생기고
종아리에 알이 배고
발가락이 갈라져도
나는 발걸음을 멈출 수 없다

한 발 한 발 내딛을수록
허리가 휘청거리고 구부러진다

사랑이여!
한 발짝만
한 발짝만

언덕을 내려와 나를 맞이하면
안 되겠니?

나는 지금
외롭다

풍차風車

그대가 그저
내 곁을
스쳐 지나가는 바람일지라도
나는 그대가 지나가는
길목을 지키는
풍차가 되겠네

그대가 작은 바람으로
내 곁을 스칠지라도
나는 커다랗게 팔 벌려
춤추며
노래하며
그대를 맞이하겠네

마지막이라는 말

하늘 아래에서 가장 슬프고 애절한 말이
'마지막'이라는 말인가 봅니다

그중에서 '마지막 만남'이란 말보다
더 아픈 말이 어디 있을까요?

저는 '마지막'이란 말을
이렇게 말하고 싶습니다

"당신은 제가 생을 마감하는 날까지
마지막으로 사랑하는 사람입니다."

사랑바위

얼마나 사랑하면 돌이 되어 굳었을까
너와 내가 아닌 우리가 된 저 두 사람
아니 우리가 아니라
하나의 완벽한 사랑을 이루어 낸 저 모습
하늘 아래
그 어떤 사랑이 저보다 더 아름답겠느냐
그 어떤 포옹이 저보다 더 뜨겁겠느냐
돌이 되어 이별을 떨쳐버린 저들보다
더 견고한 사랑이 어디 있겠느냐
더 진정한 사랑이 어디 있겠느냐

사랑하는 나의 사람아!

우리 사랑 더 이상 지키기 힘겨우면
우리도 저들처럼 바위가 되자
비바람 불어도 끄떡없는
안고만 있어도 천년을 견디는

하늘 아래 가장 아름다운 사랑이 되자
하늘 아래 가장 뜨거운 사랑이 되자
죽음이 무엇인지
이별이 무엇인지 몰라도 되는
사랑바위가 되자.

옹이

가지를 잘린 나무는
그 아픔을
옹이로 품어 삭인다

우리도 누구나
그런 옹이 하나쯤
가슴에 품고 산다

사랑하는 사람을 잃어버린
슬픔의 옹이나
비수처럼 꽂히는
아픈 말로 맺힌 옹이나

가지를 잘린 나무보다
더 아픈 상처 하나쯤
가슴에 안고 산다

피조차 통하지 않는

옹이 하나

가슴에 품고 산다

눈물

비가 내려
내川를 이루면 우리는 그 빗물을
비라고 부르지 않는다

사랑을 지키려
네가 울어 쏟은 눈물이
내川가 되고 강이 되고
바다가 되었을 때

나는 그 눈물을
바다라 부르지 않는다

사랑이라 부른다

파도

묻지 마라
어디서 왔느냐고
그리고 어디로 가느냐고
얼마나 사무친 그리움이면
달리기만 하느냐고
저 벼랑이 다 깎여지는 날
저 모래 해변이 다 흩어지는 날
그때 말하리라
나의 그리움은 그렇게 애절했었다고
깨어지는 아픔으로 내 육신이 멍들어도
그대 그리운 마음은 부서지지 않아
난 눈먼 사랑이 되어 달리기만 한다고
그리고
난 잠시도 쉬어 갈 수가 없다고

절규

허락해 주십시오
제가 내일 죽을 것처럼
당신을 사랑하게 허락해 주십시오
봄을 사랑하다가 처절하게
한순간에 사라져 가는 목련꽃처럼
저의 살과 피를 다 내어놓고
당신을 사랑하게 허락해 주십시오
당신을 사랑하다가
내일이 오기 전에 죽고 말지라도
당신이 저를 기억해 주신다면
저의 뼈가 부서져
꽃이 지고 잎이 떨어지고
앙상한 가지마저 바람결에 부서지는
고사목과 같은 아픔이 올지라도
한 조각 영혼마저 태우는 고통으로
당신을 온전히 사랑해 내겠습니다

피뢰침

수만 볼트 전율을 느끼려고
촉수 곤두세워 있는 게 아니야
저 광란의 섬광으로부터
널 지키려는 거야
내 몸 까맣게 불타는 그날
천지진동이 땅속으로 사라지는 날
넌 기억해야 해
심장이 파열하고
핏줄마저 검게 타버린
온 몸을 던져 널 사랑한
외줄기 내 사랑

그믐달

그대는 아시지요
내가 본래 보름달이었음을

그대가 그리울 때마다
살 한 줌씩 베어내어
은하수도 만들고 별 무리도 만들지요

그리움이 천 개의 별, 만 개의 별이 되어
마침내 나는 그믐달이 되었지요

달이 없는 밤, 별이 더욱 빛나는 것은
그리움으로 조각난 내 몸이
불타고 있는 것임을

그대는 아시지요
내가 본래 보름달이었음을.

■ 라이너 노트

연리지

오인택(시인 · 공학박사)

[황봉학 시집 앨범자켓, OST QR 코드]

이 시집의 시들은 오래도록 말해지지 않은 문장들로 이루어져 있다. 누군가에게 들려주기 위해 쓰인 말이기보다, 끝내 입 밖으로 나오지 못한 채 마음속에 머물렀던 언어들에 가깝다. 그래서 이 시들을 읽다 보면, 어떤 문장은 의미보다 먼저 침묵으로 다가온다. 설명을 요구하지 않고, 감정을 강요하지 않으며, 다만 그 자리에 오래서 있도록 만든다. 이 시집에 수록된 시들이 노래가 되었을 때에도, 그 태도는 바뀌지 않았다.

이 작업은 시를 노래로 바꾸는 일이 아니었다. 오히려 시가 이미 지니고 있던 호흡과 간격, 말과 말 사이의 공백을 음악이라는 시간 위에 다시 놓아보는 일이었다. 음악은 시를 앞서지 않고, 시의 의미를 대신 말하지도 않는다. 멜로디는 문장을 끌어당기지 않으며, 리듬은 감정을 재촉하지 않는다. 이 음반에서 음악은 언제나 한 발 늦게 도착한다. 그것은 시가 이미 충분히 말하고 있다는 믿음에서 비롯된 선택이다.

〈연리지〉라는 제목은 이 시집 전체를 관통하는 핵심적인 비유다. 연리지는 두 나무가 서로의 가지를 맞대어 자라다 결국 한 몸처럼 얽혀버린 상태를 가리킨다. 이 시집에서 사랑은 바로 그런 모습으로 존재한다. 선택 이전에 이미 얽혀 있었고, 시작과 끝을 분리할 수 없으며, 떼어내려는 시도 자체가 상처가 되는 관계. 여기서 사랑은 감정이 아니라 상태이고, 낭만이 아니라 책임이다. 이 시집의 시들이 반복해서 보여주는 것은 바로 그 책임을 감당하는 삶의 태도다.

〈피리〉에 이르면 말은 더욱 줄어든다. 소리를 내기 위해 몸을 깎아야 했던 존재처럼, 이 시집의 화자들은 스스로를 덜어내며 말한다. 감정은 과장되지 않고, 고통은 드러내지지 않으며, 울음은 끝내 소리로 나오지 않는다. 대신 침묵과 호흡, 멈춤과 여백이 시의 중심을 이룬다. 이 시집에서 가장 많은 것을 말하는 순간은, 가장 적게 말하는 순간이다.

〈나는 은사시나무를 적시는 비가 되고 싶다〉와 〈당신 곁에 머무는 바람이고 싶어요〉에서 사랑은 더욱 뒤로 물러난다. 이 시들에서 사랑은 주인공이 되기를 거부한다. 비와 바람처럼, 보이지 않지만 반드시 필요한 존재로만 남는다. 흔적을 남기지 않고, 이름을 요구하지 않으며, 다만 곁에 머무는 방식으로 세계를 지탱한다. 이 시집이 말하는 사랑은 언제나 이런 자리에서 시작된다. 앞서지 않고, 소유하지 않으며, 증명하지 않는 사랑.

〈허수아비의 사랑〉과 〈아파하면서 사랑하는 당신〉에 이르면, 사랑은 더 이상 감정의 문제가 아니다. 기다림은 선택이 아니라 삶의 구조가 되고, 아픔은 제거해야 할 대상이 아니라 함께 짊어져야 할 몫이 된다. 이 시들에서 화자는 묻지 않는다. 왜 이렇게 살아야 했는지, 왜 더 말하지 못했는지에 대한 해명은 끝내 나오지 않는다. 다만 그렇게 서 있었고, 그렇게 버텼으며, 그렇게 사랑했음을 조용히 남긴다.

〈그리움이 쌓이면〉은 이 시집에서 가장 낮은 지점이다. 문장은 짧아지고, 비유는 최소화되며, 감정은 설명을 포기한다. 그리움은 분석되지 않고, 판단되지 않으며, 그저 쌓여 눈물이 된다. 이 시는 독자에게 해석을 요구하지 않는다. 오히려 해석 이전의 감각, 말로 옮길 수 없는 무게를 그대로 받아들이게 한다. 침묵이 의미를 대신하는 순간이다.

후반부에 놓인 〈이별이 없는 길〉과 〈우리 사랑은 언제쯤 바다가 될까〉에서 시집은 질문의 자리로 이동한다. 돌아오지 않겠다는 결심, 모든 것을 받아들일 수 있을 만큼 넓어질 수 있는지에 대한 물음. 이 시들은 답을 제시하지 않는다. 대신 질문을 품은 채 살아가는 태도를 보여준다. 이 시집에서 중요한 것은 결론이 아니라 방향이다. 어디로 가고 있는지보다, 어떤 태도로 걸어가고 있는지가 더 중요하다.

마지막에 놓인 〈그대가 그리워 울고 싶은 날은〉에서 울음은 다른 형태로 변한다. 나무가 되고, 새가 되고, 구름이 되어 비로 내리는 그리움은 더 이상 소리 내어 울지 않는다. 슬픔은 사라지지 않지만, 삶을 마비시키지도 않는다. 그것은 함께 살아갈 수 있는 상태로 변형된다. 이 시집의 끝은 이별이 아니라, 슬픔과 공존하는 자리다.

이 시집에 담긴 목소리는 특별하지 않다. 화려하지 않고, 앞서지 않으며, 끝내 자신을 드러내려 하지 않는다. 그것은 오래 말하지 못한 채 살아온 사람의 목소리다. 아버지였고, 배우자였고, 동반자였으며, 누군가의 곁에서 묵묵히 자리를 지켜온 사람의 목소리다. 이 시집의 시들은 그 목소리를 크게 만들지 않는다. 대신 그 목소리가 사라지지 않도록 낮은 자리를 내어준다.

이 라이너 노트는 이 시집을 설명하기 위해 쓰이지 않았다. 다만 이 시들이 어떤 태도에서 비롯되었는지, 어떤 속도로 쓰였는지를 조용히 덧붙이고 싶었을 뿐이다. 이 시집을 읽는 동안, 독자가 문득 자신의 시간과 겹쳐지는 문장을 만나게 된다면, 그때 이 작업은 충분히 제 몫을 다한 것이다.

시가 먼저 있었고,
음악은 뒤늦게 따라왔다.
그 사이에는 언제나
말하지 못한 채 살아온 사람의 시간이 있었다.
이 시집은 그 시간을
조금 더 오래
곁에 두기 위해
조용히 놓여 있다.

Track List

1. **연리지 連理枝 (Yeonriji - Intertwined Branches)**
   작사 황봉학 · 작곡 오인택

2. **피리 (The Flute)**
   작사 황봉학 · 작곡 오인택

3. **나는 은사시나무를 적시는 비가 되고 싶다 (I Want to Be the Rain That Soaks the Aspen Tree)**
   작사 황봉학 · 작곡 오인택

4. **허수아비의 사랑 (The Scarecrow's Love)**
   작사 황봉학 · 작곡 오인택

5. **당신 곁에 머무는 바람이고 싶어요 (I Want to Be the Wind That Stays by Your Side)**
   작사 황봉학 · 작곡 오인택

6. **아파하면서 사랑하는 당신 (Loving You Through Pain)**
   작사 황봉학 · 작곡 오인택

7. **그리움이 쌓이면 (When Longing Piles Up)**
   작사 황봉학 · 작곡 오인택

8. **이별이 없는 길 (A Path Without Farewell)**
   작사 황봉학 · 작곡 오인택

9. **우리 사랑은 언제쯤 바다가 될까 (When Will Our Love Become the Sea?)**
   작사 황봉학 · 작곡 오인택

10. **그대가 그리워 울고 싶은 날은 (On the Day I Long for You and Want to Cry)**
    작사 황봉학 · 작곡 오인택

앨범 크레딧 (Credits)

구분	내용
앨범명	연리지 連理枝 (Yeonriji - Intertwined Branches)
아티스트	남겨진 목소리
형태	프로젝트 아티스트 (시 기반 보컬 프로젝트)
수록곡 수	10 Tracks
가사(작사)	황봉학 시집 『연리지』 수록 시 원문 사용
작곡	오인택
보컬 퍼포먼스	남겨진 목소리
보컬 형태	AI 기반 사이버 보컬
음악 제작 방식	Generative AI 기반 음악 생성 (창작 보조)
주요 사운드	Spoken & Sung Voice · Minimal Piano · Low Strings (Cello/Viola) · Ambient Texture · Silence & Space
비고	본 앨범은 문학 작품을 기반으로 한 노래시집 음반으로, 시의 원문을 훼손하지 않고 음악적 호흡으로 확장한 감상용·기록용 프로젝트임